La vieillesse, un émerveillement

Du même auteur

Aux éditions Philippe Rey

L'Évangile selon saint Loubard (repris chez Points)
L'Évangile, une parole invincible (repris chez Points)
Rallumez le feu! (repris au Livre de Poche)
Et si on parlait de tes mômes?
Réussis ta vie!
Mes plus belles prières
Ose l'amour!
Face à la souffrance
Lutte et aime, là où tu es! (repris chez Points)
La magie des animaux
Apprends à pardonner
Cœur de prêtre, cœur de feu
Petit guide de prière

Aux éditions Stock (repris au Livre de Poche)

Un prêtre chez les loubards
La rue est mon église
Des jeunes y entrent, des fauves en sortent
L'Espérance aux mains nues
Aventurier de l'Amour
Avec mon aube et mes santiags
Les petits pas de l'Amour
Jusqu'au bout!
Dieu mon premier Amour
Des loups dans la Bergerie
Dealer d'Amour
Passeurs de l'impossible
Ma religion, c'est l'Amour
Kamikaze de l'espérance
Et si je me confessais

Aux éditions Salvator (repris chez J'ai Lu)

Cris de jeunes

Aux éditions des Béatitudes

Chemin de croix
Le plus bel album de famille : le rosaire
Les mystères lumineux du rosaire

Aux éditions du Livre ouvert

La violence… un appel?
Lutte, prie et aime

Aux éditions Coccinelle (bandes dessinées)

Aimer à tout casser
Des loups à Faucon

Guy Gilbert

La vieillesse, un émerveillement

Bien vivre son âge

Philippe Rey

Si tu veux m'écrire, fais-le par le biais de mon éditeur.
Si tu savais comme tu m'aides en me critiquant ou en m'engueulant. Ma plume alors s'enrichit.
Merci.

Ton frère

15, rue de la Banque - 75002 Paris

www.philippe-rey.fr

Introduction

Quand je vois un visage vieilli, fané, ridé, je me dis : « il » ou « elle » a peut-être été beau ou belle, il y a longtemps.

Quand j'y pense, je demande à l'ancêtre la photo de sa jeunesse, de son mariage. Je vois souvent des visages resplendissants de jeunesse, de beauté et de charme.

À moi alors d'aimer ces yeux éteints, ridés. Ces visages crevassés par les ans, le labeur, les souffrances.

À moi de deviner la vie qui bouillonne malgré le poids du temps, l'usure fatale.

À nous d'aimer chaque être, dans la profondeur de ce qu'il est, au-delà des apparences.

À nous de dépasser ce qui passe et qui s'use en chacun, pour fixer avec un regard d'amour la lumière de Dieu.

C'est la part lumineuse et éternelle de cristal de tout vivant.

C'est son désir d'amour jamais assouvi qui resplendit.

Jusqu'au dernier souffle.

Le meilleur moment de ta vie, c'est aujourd'hui

Nous vivons dans une société où prime la culture de la réussite. Le handicapé, le vieillard, le pauvre nous gênent et nous emmerdent. Seul ce qui est beau, fort, « compétitif » est intéressant. Le reste ne compte pas, ceux qui ne sont pas performants sont mis au rebut, on refuse l'échec et la faiblesse. C'est la raison pour laquelle, lorsqu'elle arrive, nous tombons de très haut face à la vieillesse.

La dernière corde

On joue sa petite musique au cours de sa vie, et puis, un jour, à force d'avoir joué et joué encore, une corde casse, et puis l'autre… On raconte qu'un soir de concert, le célèbre violoniste Paganini s'exécuta avec tant de fougue qu'une corde se rompit, la plus fine, la chanterelle. Imperturbable, il continua de jouer. Une deuxième corde sauta, puis une troisième. C'était presque la fin du morceau. Frénétiquement applaudi, Paganini termina en beauté avec l'unique corde restante, la grosse corde de *sol*. Au bout de la vie, une à une les cordes sautent : jambes faibles, mémoire capricieuse, levers difficiles, fatigue du soir. Combien de temps pourrons-nous jouer encore le concerto de notre vie ?

La retraite, un cauchemar ?

La retraite peut apparaître comme la promesse d'une autre vie, surtout quand on a eu un boulot éreintant, mais elle peut aussi être un cauchemar : on ne joue plus un rôle social, on perd son pouvoir sur les autres, son autorité, son dynamisme. Je me souviens d'un ouvrier qui me disait : « Moi qui désirais tant la retraite, je suis complètement KO ! » Certains ont tenu à la force du poignet, ou sur les nerfs, et d'un seul coup tout s'est arrêté. Toutes les facultés qu'ils avaient dû développer pour vivre, voilà qu'elles sont réduites à néant. Alors eux-mêmes se sentent inutiles.

> *La vieillesse n'existe pas ; ou plutôt, il n'y a de vieillesse que là où il n'y a pas d'amour.*
>
> Julien Green

La terrible solitude

Arrive aussi la solitude, la terrible solitude. Parfois le conjoint est mort, ou l'on est séparé. Quant aux enfants, ils sont partis depuis bien longtemps. Maintenant que toutes les chambres sont vides, la maison est trop grande. Cette baraque qui était pleine de vie n'est plus encombrée que de souvenirs et de toiles d'araignée. Bonjour, le temps passé à nettoyer, ranger et… tondre la pelouse ! Je connais des anciens qui pètent le feu, qui lisent les journaux tous les jours. Mais beaucoup d'autres abandonnent les projets auxquels ils se consacraient. Se sentir vieux, c'est surtout sentir que diminue la relation au monde. Certes, il y a les misères physiques, mais les pires sont les épreuves de la solitude et l'humiliation de la dépendance…

C'est le temps de la suprême pauvreté, qui peut faire perdre le goût de vivre.

Si on est deux et qu'on s'aime, alors évidemment c'est différent. Mais si on s'est tolérés pendant trente ou quarante ans uniquement parce que l'autre partait au boulot le matin pour revenir le soir… Et le week-end parce que le mari allait à la pêche, alors, bonjour, le huis-clos ! Bonjour, l'angoisse ! On a bien quelques fleurs à soigner, un chat ou un chien à entretenir, mais ça ne va pas plus loin. La paresse arrive et, avec la paresse, l'ennui. C'est le moment de réagir et d'établir un programme strict, tout en acceptant vos limites. Ma vieille mère a jardiné jusqu'à quatre-vingts ans, elle adorait ça. Ce fut très dur pour elle quand elle fut obligée d'arrêter, mais elle se lança dans d'autres occupations qui la passionnaient.

Arrête de te regarder le nombril

Tu peux sortir de sa solitude, si tu arrêtes de ne penser qu'à toi et tes petits problèmes. J'ai découvert ce texte plein d'humour, dont je voudrais te faire profiter :

« Ça me tracasse beaucoup, se dit Dieu, cette manie qu'ils ont de se regarder le nombril au lieu de regarder les autres. J'ai fait le nombril sans trop y penser, comme un tisserand qui arrive à la dernière maille et qui fait un nœud. Pour que ça tienne. Un endroit qui ne paraît pas trop. J'étais si content d'avoir fini ! L'important c'était que ça tienne et d'habitude ils tiennent bon, les nombrils. Mais ce que Je n'avais pas prévu et ce qui n'est pas loin d'être un mystère, même pour Moi, c'est l'importance qu'ils accordent à ce dernier petit nœud, intime et bien caché. De toute Ma création, ce qui m'étonne le plus et que Je n'avais pas prévu, c'est tout le temps que les humains mettent à se regarder le nombril au lieu de voir ce qui se passe autour d'eux. J'hésite. Je me suis peut-être trompé. Si ce n'était pas trop de tout recommencer, Je placerais le nombril en plein milieu du front. Comme cela, les humains seraient bien obligés de se regarder les uns les autres ! » Arrête de te regarder le nombril. Un malheur ou une séparation sont toujours terribles, je le comprends, mais nous devons dépasser cette épreuve. Le monde est beau malgré les avaries de la vie, ses chocs, ses ruptures et ses imprévus.

Je ne connais qu'une distraction dans la vieillesse : être utile. C'est sortir de soi.

Jacques Chardonne

Toujours servir, jamais asservir

Ce vieux prêtre octogénaire faisait dernièrement la une de plusieurs journaux.

Pourquoi ? Son évêque lui avait demandé de partir après trois ou quatre décennies de présence dans sa paroisse. Le prêtre refusait de quitter ses ouailles et une partie d'entre elles le soutenaient. La messe qui clôturait solennellement son départ fut larmoyante de la part de certains chrétiens et du prêtre qui proclamait qu'on le mettait à la porte. Toujours servir. Ne jamais asservir.

On ne s'aperçoit jamais soi-même de sa progressive décrépitude, l'âge avançant. Les autres, si. Et ils le font savoir… par-derrière souvent. On n'ose pas dire en face à l'homme « indispensable », pire « irremplaçable », qu'il est temps de passer le relais. Si on ne trouve pas un successeur du genre « clone » on en trouvera un autre, moins performant, moins brillant. Il ne tiendra pas la route lumineuse de son prédécesseur, c'est certain. Mais s'il ne court pas, il marchera sûrement. Alors marchons avec lui. Certes avec lenteur. Mais cahin-caha on avancera.

Bravo, Nelson !

De Gaulle était grand. Pompidou était rond. Giscard était long. Qu'à cela ne tienne, la France a continué sa route avec un sphinx ou un petit homme. On leur impute souvent tous les défauts des qualités de leurs prédécesseurs. Mais ce qui est essentiel, c'est de marcher à leur pas…

Les papes sont des hommes prestigieux mais limités comme chacun le sait. Un certain nombre de chrétiens ne semblent pas le savoir. Ces saints hommes ont fait des progrès importants. Ils écrivent dans leur testament de leur plus belle plume qu'on les supplie si la déchéance arrive de les aider à partir en retraite. De Paul VI à Jean-Paul II, ce vœu pieux et suppliant est resté lettre morte.

J'avoue que Jean-Paul II mourant devant nous a été un puissant et exceptionnel symbole, il nous a appris à vivre et à mourir. Mais il doit rester une exception confirmant la règle que les papes récents osent dicter. Benoit XVI vient de nous affirmer dans son dernier livre qu'il partira si… Attendons patiemment de voir s'il tiendra parole. Personnellement je le crois.

Quant aux personnes politiques ou hommes prestigieux de toutes classes que notre bonne terre suscite, l'exemple de Mandela reste presque unique. Il sauve de maints périls une Afrique du Sud écartelée. Et se casse bellement, ce que de nombreux potentats se refusent à faire aujourd'hui. Nelson est la perfection humaine de celui qui veut servir mais pas asservir.

Confier la barre en pleine lucidité

On vieillit. J'en sais déjà quelque chose. Alors plus ou moins vite (mieux vaut plus que moins), confier la barre, toute la barre en pleine lucidité. On devient alors « honoraire » d'un titre apparemment prestigieux. On peut s'attendre à ce que notre sagesse soit encore sollicitée, ce qui peut être très utile. Souvent ces « honoraires » ont la démangeaison de ne pas attendre d'être sollicités, pour dire ce qu'ils pensent ! Rien de déterminant la plupart du temps. Ils ne sont qu'honoraires.

Servir toujours est une merveille que l'Évangile met en avant de façon constante. Asservir, c'est exactement le contraire de l'Évangile. Les fins de vie de certains papes, de maints politiques et d'innombrables vieillards de tout poil bloquent l'avenir parce qu'ils se sentent indispensables. Notamment les premiers, mettant dans le coup Dieu pour garder dans leurs mains vacillantes un pouvoir qui n'est plus service mais peut-être « asservissement ».

Que cette courte réflexion puisse être d'abord par moi-même méditée, et mise en acte. Amen.

Sors, prends l'air du temps !

OK, la vue baisse. Normal. Alors on porte des lunettes pour lire les petits caractères et... pour percevoir plus finement la vie des autres. OK, les dents se trimbalent. Un dentier s'impose.

Faisons avec. Ça nous retiendra de mordre à pleines dents les autres à coups de jugements tout faits.

OK, l'ouïe commence à faiblir. Ça contraint à tendre l'oreille et à être plus vigilant aux cris des hommes de son temps. OK, les tibias s'engourdissent. C'est l'heure de la marche. Sortir. Prendre l'air du temps. Faites-en un programme de vie. Trop de ventres s'alourdissent, d'artères s'encrassent, de tensions grimpent par indolence, par inertie, par refus de bouger son corps. Les cachets hâtivement pris, à l'heure des repas, sont souvent le signe de notre refus de confronter nos vieux tibias à la marche inexorable du temps. On ne rattrape pas le temps. On le pacifie en abandonnant avec élégance les forces de la jeunesse. En maintenant vigoureux son corps et son cœur.

Ne te lamente pas sur ta beauté passée

Certains anciens regardent leurs vieilles photos et ils se lamentent. Personnellement, quand je regarde l'une des miennes, datant d'il y a vingt ans, je me dis : « Qu'est-ce que t'étais beau ! » Et pourtant je me suis toujours trouvé laid. Trop souvent on se compare et on se sent diminué. Certes, on marche moins bien, l'ouïe commence à baisser, on porte des lunettes, le sommeil vient plus difficilement, la mémoire déraille parfois, les articulations commencent à grincer, le souffle est plus court, la silhouette change, on grossit, on rapetisse, on a une bosse dans le dos ou sur le ventre, on perd des pièces, un peu comme une vieille guimbarde, on passe de la grosse cylindrée à la bicyclette, et de la bicyclette au fauteuil.

> *Un homme n'est vieux que quand les regrets ont pris chez lui la place des rêves.*
>
> Jean Barrymore

Sois pétant de vie !

Il faut accepter de vieillir, alors la vie devient superbe. Accepter de vieillir, c'est se mettre une bonne fois pour toutes devant sa glace et se dire : « Tes rides, tes poches, ton dentier, ton ventre, ton double menton, je m'en fous ! » Et on s'en fiche réellement. On ajoute : « Avec mes vieux os, je vais enfin vivre pleinement. »

Bien vieillir, c'est vivre sa vieillesse dans le présent de chaque jour. La relation à l'autre change. L'ancien prend du poids et de l'autorité, il regarde les événements avec un certain dépouillement. Parce qu'il va à l'essentiel. Il y a une grande beauté à vieillir. Devant le large fleuve de la vie qui jamais ne s'arrête, le vieil homme s'émerveille. Le malaise central de notre civilisation est de penser au passé, d'avoir peur de demain et d'être incapable de vivre le cadeau merveilleux du présent.

Profite pleinement de tes vingt-quatre heures. Sois pétant de vie jusqu'à la fin. C'est ça, une vision spirituelle de la vieillesse. Assez de se plaindre sans cesse de la prostate et du lumbago. C'est ça, vaincre la vieillesse : reconnaître la beauté de vieillir.

Bûche ta spiritualité

Dans *Vieillir*, Jacques Brel chantait : « Mourir, cela n'est rien, mourir, la belle affaire, mais vieillir…

ô vieillir ! Vieillir, soit on ne s'en rend pas compte, soit on le refuse. »

Aie joie à vieillir. Sans être étincelant jusqu'au bout, on peut faire entendre des choses belles avec les cordes qui nous restent. Chère vieille corde de *sol*. La dernière, la plus grave. Corde de la patience courageuse, de la sagesse, de la bonté, des appels à Dieu. Que de belles notes peuvent jaillir d'elle ! Une spiritualité, si elle est travaillée tous les jours par la prière et l'action, te donnera une paix irremplaçable. Bûche-la ! L'éternité vient doucement. Quelle joie ! Ce visage tant prié, tant désiré, prend forme. C'est l'Amour. Il n'a pourtant pas de visage, l'Amour. Il est l'éternité où il n'y aura plus de souffrance, de manques à supporter. Debout, l'ancêtre ! Marche. Ne cours pas, ce n'est plus l'heure. Mais bouge-toi. Sors par tous les temps. Couvre-toi, simplement… « Avec le manteau de l'Amour », nous recommande saint Paul.

> *Les trois grandes époques de l'humanité sont l'âge de pierre, l'âge du bronze et l'âge de la retraite.*
>
> Jean Charles

Dieu plutôt que le psy

Psychologues, psychanalystes, thérapeutes de tout poil voient leurs « confessionnaux » envahis. Seulement, en sortant, c'est la même solitude qu'on retrouve, parce que, au bout de l'écoute de ses faiblesses, le « patient » n'a aucune parole de pardon. La foi au pardon de Dieu donné, en Son nom, par un homme lui-même pécheur qui a reçu mission de nous dire : « Tes péchés sont pardonnés. Va en paix », c'est tout autre chose que la solitude. Ça doit nous donner des ailes, et la joie de savoir que tout renaît, tout est neuf, tout redémarre. Il n'y a rien de plus beau que le pardon ! Il nous fait sortir de la prison où nous tient le péché, pour nous faire entrer dans la joyeuse foule des sauvés. La confession est l'un des antidotes les plus sûrs à notre orgueil, à notre pauvreté, et à notre solitude.

Reste jeune !

Pour réussir ta vieillesse, reste jeune ! Mais attention ! Rester jeune ne signifie pas freiner des quatre fers, à coups de potions magiques, pour faire reculer le temps. Il avance, inexorablement. Et les potions ne sont, la plupart du temps, qu'une énorme escroquerie. C'est encore moins se tanner la peau, faire effacer ses rides et se foutre des kilos de peinture sur la gueule. On y gagne toujours dans le pire. L'œil humain a horreur des artifices qui ne font qu'accentuer les marques du temps en révélant les ravages de l'âge. Ce n'est pas non plus une question de fringues. Tu dois rester à l'aise dans tes pompes avec les habits de ton âge, de ta situation, de ton embonpoint ou de ta minceur. Quand je célèbre l'Eucharistie, mon vêtement de prêtre m'appelle à l'approfondissement. Et les santiags que je porte dessous permettent au sportif de Dieu que je veux être de courir de rue en rue, de prison en prison. Couper en deux ma vie chrétienne et mon engagement temporel m'enlèverait toute force. L'un dynamise l'autre.

Rester jeune ne signifie pas non plus parler « jeune ». Sache-le, les ados ont horreur qu'on les copie. Alors n'entre pas dans leur cercle avec un jean baissé jusqu'aux fesses et des mots liftés. Tu en serais vite exclu. Rester jeune, ce n'est pas non plus chercher à acquérir une musculature juvénile et élancée :

petites fesses et épaules de Rambo ! Faute de sport régulier, l'adulte s'acharne trop souvent à rattraper le temps où il aurait dû exercer ses muscles… Bonjour alors, foulures, lumbagos, muscles tétanisés et autres meurtrissures qui le forceront à jouer… au vieillard immobilisé sur une chaise longue !

> *La jeunesse a une belle face et la vieillesse une belle âme.*
>
> Proverbe suédois

Ton corps est beau de l'intérieur

On vit dans une société où, pour vanter une marque de fromage ou de cornichons, on expose les seins ou les fesses d'une fille de seize ans. On n'expose pas les seins ou les fesses d'une femme de quatre-vingts ans… parce que personne ne mangerait de ce fromage ! Je plaisante, pour démontrer que le corps d'un ancien est beau malgré tout. Il est beau de l'intérieur. Il est même immensément beau.

« Notre homme extérieur dépérit, notre homme intérieur se renouvelle de jour en jour », disait saint Paul.

Un regard d'espérance

Rester jeune ne signifie pas chercher je ne sais quels excitants pour un corps au ralenti. Je vois sur des bancs publics de vieux dinosaures de quatre-vingts ans qui se tiennent par la main et qui s'aiment à ne plus savoir qu'en faire. Leurs yeux sont délavés, pourtant ils sont comme ceux des puceaux et des pucelles de seize ans. J'admire leur tendresse humaine extraordinaire. Leurs corps sexués ne jouent plus les performances d'antan, juste un petit peu ; mais ils vivent la tendresse de deux êtres qui s'aiment au plus profond. Ils s'aiment dans ce qu'ils ont de meilleur. Ils ont accepté leur différence depuis très longtemps. Ce n'est plus le sexe qui les réunit, c'est quelque chose d'incompréhensible qui s'appelle l'amour. La vieillesse leur a apporté une sérénité bien préférable à la passion. Rester jeune, c'est avoir le cœur branché aux quatre vents. Rester jeune, c'est avoir les yeux et les oreilles pour tout ce que la vie trimbale de magie et d'émerveillement. Rester jeune, enfin, c'est avoir un regard d'espérance où les autres pourront lire la joie de vivre que donnent la sérénité, l'amour et la miséricorde. L'homme qui a ce cœur, ces oreilles et ce regard, a trouvé le secret de l'éternelle jeunesse dans la parole du Christ : « Soyez comme des enfants… »

> *La retraite, qu'est-ce que c'est, sinon la permission officielle de rouiller ?*
>
> Janine Boissard

Ton maître intérieur

La vieillesse doit être ton maître intérieur : si tu l'acceptes et l'assumes, elle ne sera pas un handicap. La vivre avec joie, c'est ton chemin de sainteté. Jean-Paul II montrait une vieillesse en actes, formidablement dynamique. Accueille la grâce de Dieu, reste un homme ou une femme de combat, et non une larve pleurnichant sur ton handicap physique, tes échecs et tes peines ! Le monde a besoin de toi. Vis avec le monde d'aujourd'hui, arrête de dire que le passé était extraordinaire. Le passé n'est pas meilleur que le présent, l'homme a toujours été débile, fou, et, en même temps, il est appelé à la sainteté. Arrête de dire que demain sera apocalyptique. Vis aujourd'hui, pleinement. Le Seigneur écoute tes paroles du

« Notre Père » : « Donne-moi aujourd'hui le pain du jour. » Et tu auras une vie splendide. Ça s'appelle la sainteté. Le meilleur moment de ta vie, c'est aujourd'hui.

Ayons joie à vieillir

Combien d'anciens vivent une vieillesse sclérosée, emplie de futilités et du refus de donner du temps à Dieu ! La vieillesse est une grâce à vivre. Une spiritualité travaillée tous les jours par la prière et l'action vous donnera cette paix irremplaçable. Jeunes, on était cons, définitifs, fougueux, fracassants, pleins de rêves. Anciens, on est moins cons, moins catégoriques, plus prudents, mais toujours pleins de rêves.

La vieillesse est également l'heure du bilan. Elle apporte un double regard sur notre vie : celui de la déception comme celui de l'émerveillement. On peut se dire que, oui, on a manqué des choses, mais que l'on a encore tant de choses à vivre. Que l'ancien trouve toujours et partout l'humble chemin de l'Amour, qu'il ait vingt ou quatre-vingt-dix ans. La vieillesse est un don de Dieu. C'est quand on vieillit qu'on se dit : « Maintenant, aujourd'hui. » La faiblesse de la vieillesse fait aussi sa force.

> *Le bonheur supprime la vieillesse.*
>
> Franz Kafka

« Chères vieilles taupes »

Je les appelle ainsi en les voyant en rangs serrés, les premières arrivées à mes conférences ou accrochées à leur chaise d'église, présentes avant tout le monde pour se préparer à l'Eucharistie et être à proximité de l'autel. Vieilles, elles le sont. Certaines l'acceptent et vivent très bien avec leurs cheveux blancs et leur dentier. D'autres refusent cette érosion du temps et sautent en l'air dès l'évocation du mot « vieillesse ».

Je les aime beaucoup, surtout quand je les regarde vivre dans l'Église. Taupes elles sont, et dans le meilleur sens du terme. Elles aèrent l'Église par les innombrables galeries d'amour dont elles sillonnent le terreau ecclésial. Allez demander aux paysans si les taupes ne sont pas l'oxygène de leurs terres qu'elles brassent, travaillent, triturent et trouent... pour la faire respirer !

Combien d'entre elles sont un catéchisme vivant pour les petits-enfants ! Elles sont la tradition évangélique, travailleuse, besogneuse pour apporter à leurs arrière-progénitures le spirituel qui leur manque tant. Elles s'engagent dans maints mouvements. Actives, voire passionnées, elles s'entraident pour donner à leur vie d'ici-bas qui s'achève la saveur de l'éternité qui vient.

Elles portent Dieu partout. Leurs vieilles mains ridées se tendent à chaque Eucharistie. L'une pour recevoir Dieu et l'autre pour aller Le donner à tel(le) voisin(e) malade, serrant en chemin, contre le cœur, la custode samaritaine.

Elles ne font pas de bruit. Elles ne crient pas, comme le font les jeunes, leur manque d'amour. Elles n'ont plus l'âge de se retrouver dans les bars autour des jeux vidéo bruyants pour attirer l'attention sur leur désarroi. Elles sanctifient leur prêtre. Quand les jeunes et adultes refusent d'aller au temple, elles sont là, autour de lui, pour implorer Dieu et Le chanter, et elles réchauffent sa solitude.

Chères vieilles taupes de notre Église, continuez inlassablement à creuser des galeries d'amour !

Les anciens, c'est l'avenir

Un grand-père traverse juste devant ma voiture et hors du passage clouté. Je pile à deux centimètres de sa décrépitude apparente. Furieux, je lui jette par la portière : « Eh ! L'ancien, tu as vraiment envie d'avaler ton bulletin de naissance ?

– T'inquiète pas ! Les anciens, c'est l'avenir », m'envoie dans les gencives cet ancêtre téméraire. J'ai médité ces fortes paroles et finalement je pense qu'il n'avait pas tort.

L'ancien a cette avance considérable sur le jeune : il vérifié mille choses et dans d'innombrables domaines. Cela ne lui donne aucun pouvoir. Je dirais qu'au contraire, cela devrait lui donner une grande humilité. Le jeune, lui, a tout à vérifier.

Beaucoup de choses restent à faire pour aider nos anciens à savourer cette dernière tranche d'âge en apportant le meilleur d'eux-mêmes. Cette aide peut être boomerang pour tous ceux et celles qui croient que le savoir, la compétence, la maturité, l'expérience des anciens sont force et vie.

Au contraire des piles Wonder, le vieux ne s'use que si l'on ne s'en sert pas.

Il avait raison, celui que j'ai failli écraser. Il avait de beaux jours devant lui.

On ne peut pas s'empêcher de vieillir, mais on peut s'empêcher de devenir vieux.

Henri Matisse

Une grâce à vivre

Oui, la vieillesse est une grâce à vivre. « Quand un ancien disparaît, c'est une bibliothèque qui brûle », dit-on. C'est vrai, mais à condition qu'il soit resté éveillé jusqu'au bout ! Parce que le « vieillard électronique », gorgé des émissions stupides de la télévision, risque de n'entraîner avec lui que le néant.

La vieillesse a les dons du Saint-Esprit.

Elle a la sagesse parce qu'elle connaît beaucoup de la vie. L'intelligence des rapports sociaux, également, parce qu'elle s'est frottée aux autres durant des années. La vieillesse a la force. Une force intérieure plus importante que celle des muscles : la force d'amour et de paix, et de miséricorde. La vieillesse a la science, si elle a su prendre du temps pour Dieu (sinon, dépêchez-vous, Il vous attend). Elle a la piété. Dans les églises, on voit d'abord les anciens. Ils prennent le temps de prier, faire le catéchisme, préparer les mariages. Ils sont de magnifiques pierres vivantes. Les anciens ont les yeux et les oreilles de la jeunesse.

Multiplie les petits pas de l'Amour

« On n'a rien trouvé de mieux que vieillir pour ne pas mourir jeune. » J'aime cette réflexion. La vivre avec joie sera votre chemin de sainteté.

Accepte tes vieux os comme ils sont. Dieu bénit tes tibias, même s'ils ont des difficultés à se déplacer. Que le rythme de ton cœur, qui ralentit physiquement, garde les palpitations de ton temps d'adolescence. Que ton sourire édenté reste le merveilleux présent qui est la grâce de tout ancien. Arrête de penser à ta névralgie faciale et à tes douleurs lombaires. Mais écoute la souffrance de l'autre : ça l'apaisera et ça te fera chaud au cœur. Si l'escalier est dur à monter, récite un « Ave Maria » par marche.

Tu verras ! Tu franchiras les dix étages avec l'allégresse d'un jouvenceau ou d'une jouvencelle. Si ta vue baisse, que ta lumière intérieure grandisse. Si ton oreille s'assoupit, réveille-la en écoutant le silence de Dieu.

Anciens, je vous aime beaucoup. Vous êtes la grâce de l'Église et son avenir. L'avenir de l'Église, c'est maintenant et aujourd'hui. Vous qui allez à petits pas, multipliez les petits pas de l'Amour.

Méditation souriante…

Pour ceux qui se croient toujours jeunes :

J'ai cueilli mes quatre-vingts ans dernièrement et j'y pense souvent :

Le coin de ma rue est deux fois plus loin qu'avant.

Et ils ont ajouté une montée que je n'avais pas remarquée !

J'ai dû cesser de courir après le bus parce qu'il démarre bien plus vite qu'avant.

Je crois qu'on fait maintenant les marches d'escalier bien plus hautes que dans le temps.

L'hiver, le chauffage est beaucoup moins efficace qu'autrefois. Et avez-vous remarqué les petits caractères que les journaux se sont mis à employer ?

Cela ne sert plus à rien de demander aux gens de parler clairement.

Tout le monde parle si bas qu'on ne comprend quasi rien.

On vous fait maintenant des vêtements si serrés, surtout à la taille et aux hanches, que c'est désagréable !

Les jeunes gens eux-mêmes ont changé. Ils sont bien plus jeunes que quand j'avais leur âge. Et, d'un autre côté, les gens de mon âge sont bien plus vieux que moi !

L'autre jour, je suis tombé sur une vieille connaissance : elle avait tellement vieilli qu'elle ne me reconnaissait plus !

Je réfléchissais à tout cela en faisant ma toilette ce matin. Ils ne font plus d'aussi bons miroirs qu'il y a soixante ans !...

Veilleurs de la famille : les grands-parents

Grands-parents, vous pétez la forme ! Aujourd'hui, on est jeune à soixante ans. Pas un avion ou un train que je prends sans tomber sur un groupe d'ancêtres jacassants, rigolards, paillards parfois... Les vieux partent facilement, ils foutent le camp. Ils vont en vacances, en retraites spirituelles, en randonnées, en pèlerinages.

J'ai constaté une chose significative avec les jeunes que nous accueillons à la Bergerie de Faucon : aucun n'a de grands-parents. Ils sont tous bancals. Un jeune qui n'a pas la sagesse, la tendresse, la présence et l'écoute de ses grands-parents est un jeune qui pousse moins bien que les autres. Certains ont une approche extraordinaire des vieux, ils les aiment beaucoup parce qu'ils n'ont pas connu les leurs.

Les grands-parents ont beaucoup de pouvoir. Ils n'ont plus à se lever à six heures du matin pour aller au boulot. Finies les contraintes de la vie professionnelle, ils ont du temps, ils peuvent choyer, cajoler, écouter. Les petits-enfants de ma mère étaient toujours en train de lui demander de leur raconter son enfance, la guerre, et surtout ils voulaient savoir quelles étaient les bêtises que nous faisions. Ma mère se complaisait à rapporter que j'étais le premier à me lever dans mon berceau, que j'étais très vif. Ensuite mes petits-neveux venaient me voir pour me dire qu'ils savaient quelque chose de moi, qu'ils le tenaient de leur grand-mère. Les grands-parents sont l'histoire vivante des familles, des villages.

Vous êtes des atouts précieux

Les grands-parents écoutent beaucoup aussi. Actuellement il leur faudrait quatre oreilles : par exemple, quand les parents divorcent et que les gamins viennent leur confier tout leur mal-être, qu'ils préfèrent rester avec leur père, qu'ils n'aiment pas leur beau-père, qu'ils préfèrent la maison de la belle-mère, etc. Grands-parents, vous êtes des atouts précieux. Quand un couple est désuni, ne divisez pas, ne prenez pas parti. J'ai vu des situations épouvantables dans des familles où les grands-parents avaient choisi l'un des deux parents. Vous avez le pouvoir magnifique d'unir ou de désunir. N'oubliez pas que, dans ces occasions, vous enfantez une nouvelle fois.

Moi aussi, je suis une sorte de grand-père, j'ai aussi le sentiment de ré-enfanter lorsque j'accueille les jeunes à la ferme. Le dernier arrivé a à peine treize ans, comme le premier que j'ai rencontré en Algérie à Blida, il y a quarante-cinq ans. Je ne ré-enfante pas un petit mioche en couches, évidemment, mais quand un nouveau arrive, j'ai toujours l'impression de l'aider à retrouver confiance en lui-même, en la vie, à renaître.

> *La jeunesse est le temps d'étudier la sagesse, la vieillesse est le temps de la pratiquer.*
>
> Jean-Jacques Rousseau

Une référence spirituelle

Les anciens cultivent leur propre foi, mais ils se désespèrent de la foi éteinte de leurs petits-enfants. Ceux-ci sont souvent loin d'eux géographiquement, aussi. Tâchons de comprendre la souffrance que les grands-parents peuvent éprouver quand les enfants ont perdu la foi, quand les petits-enfants ne reçoivent même plus le baptême.

Grands-parents, vous êtes devenus une référence spirituelle. À Rougon, la commune où se trouve Faucon, en hiver, il n'y a qu'une cinquantaine d'habitants. En été ils sont quatre cents. En arrivant il y a trente-six ans, j'ai trouvé sept anciennes à ma première messe. Et maintenant c'est plein. J'ai fait cent vingt-quatre baptêmes. Les anciens de Haute-Provence m'ont amené les petits à baptiser. Les adultes qui sont allés à Toulon ou à Marseille pour travailler avaient perdu la foi. La génération des petits-enfants n'était pas baptisée, mais les grands-mères les amenaient toujours à la messe. Les petits me demandaient s'ils pouvaient se déguiser. Comme j'ai toujours de belles tenues d'enfants de chœur, ils étaient ravis. C'est comme ça qu'une centaine de mômes se sont fait baptiser : parce que les grands-mères les amenaient à l'église. Les pères et les mères n'y allaient plus.

Offrez-leur votre joie et votre tendresse

Osez dire votre foi, grands-parents, car la joie d'un chrétien est pur témoignage. Seule cette joie qui rayonne sur votre visage convaincra. Quand le petit vous demandera pourquoi vous êtes si heureux, vous n'aurez qu'à lui répondre que c'est parce que Dieu vous aime et qu'Il l'aime de la même manière. Les enfants sont des magnétophones. Ils vous regardent vivre, ils enregistrent tout. Ils aiment bien mettre en doute ce que disent leurs parents, mais pas ce que leur disent leurs grands-parents. Si papa dit quelque chose, il faut absolument qu'ils croient le contraire. Mais ils écoutent les grands-parents.

Vivez avec vos petits-enfants l'heure de la tendresse. Leurs parents n'éduquent pas forcément comme vous. Ne condamnez jamais, mais discutez. Je connais bien les immenses changements survenus depuis cinquante ans dans l'éducation des jeunes. Ils font leurs griffes sur leurs parents. Il faut l'accepter.

Par votre présence, ils pensent que le Christ est immuable, que l'amour gratuit est immuable, qu'ils seront toujours écoutés, et que l'Eucharistie – à laquelle vous allez assister et pas eux – est éternelle, que c'est à ce moment-là que l'Amour descend. L'église ne les attire plus. Saint Marc nous dit : « Qu'il dorme ou qu'il se lève, la semence germe et l'homme ne sait pas comment. »

Grands-parents, vous êtes irremplaçables. Si votre semence d'amour, de joie, de foi et d'espérance vit en vous, je sais qu'elle vivra en eux. Ne larmoyez pas et ne soyez pas pessimistes. Demandez la patience de Dieu, ne cherchez pas à les convertir en les obligeant à aller à la messe, mais que votre foi soit rayonnante. Ce n'est pas tant vos paroles que vos petits-enfants retiendront, c'est ce que vous serez. Si vous êtes des veilleurs de joie et d'amour, ils le seront à leur tour.

Les maisons de retraite, c'est comme les colonies de vacances, sauf qu'il n'y aura pas de rentrée des classes.

Patrick Timsit

Soyez patients

Les anciens, vous vous demandez ce que vous avez fait ou pas fait pour que vos enfants perdent la foi. Sachez que Dieu est patient, alors soyez-le aussi. On ne peut pas obliger nos enfants à croire en Dieu. Un enfant de chœur qui allait à toutes mes messes, croyant et baptisé, à dix ans vient me dire : « Guy, la religion c'est l'invention des hommes. » Je le revois quelque temps après, il me dit : « Je ne sais pas encore si c'est une invention des hommes. » Il suit son catéchisme, mais il suffit qu'un oncle ou un prof ait une parole qui le fasse douter, et il remet tout en cause. Les jeunes sont fragiles à cet âge-là.

Grands-parents, devenez veilleurs dans la nuit de la foi de vos enfants, et ne pleurez pas. Par votre témoignage de vie, vous pouvez devenir de vrais éveilleurs auprès de vos petits-enfants. Vous avez un formidable pouvoir de complicité.

C'est la beauté de la famille. Elle est la cellule la plus petite, la plus grande, la plus ancienne, la plus neuve. Gardez fidèlement le support le plus grand de votre existence, le plus beau : votre famille.

Valorisez vos petits-enfants

Les grands-parents sont la preuve que les valeurs peuvent défier l'usure du temps alors qu'aujourd'hui on a l'impression qu'elles changent tous les jours. La première des valeurs, c'est s'émerveiller. Valorisez vos petits-enfants, notamment ceux qui ne sont pas gâtés intellectuellement par la nature, qui sont au fond de la classe en train de se les réchauffer auprès du radiateur. Ceux qui sont mal-aimés, les plus faibles. Émerveillez-vous de leurs qualités. Je me souviens de ma mère qui toujours valorisait le plus petit dans la couvée des quinze.

Souvenez-vous et parlez de vos ancêtres à vos petits-enfants. Évoquez les disparus, les événements, les joies de votre vie, de la maison familiale, les peines que vous avez vécues aussi. Les lieux sont importants.

Respectez vos enfants dans l'éducation qu'ils transmettent à leurs propres enfants. C'est sûr que les choses ont changé. Mais ne critiquez jamais les parents devant les petits-enfants. Si quelque chose vous inquiète, dites-le discrètement à vos enfants.

Les ancêtres relativisent beaucoup quand les

parents ont peur et s'écrient : « Fais attention en montant dans l'arbre, tu vas te casser la jambe ! »

Accueillez l'enfant adopté ou l'enfant d'une nouvelle union comme l'un des vôtres, ayez beaucoup de bienveillance. Écoutez l'enfant maladroit ou retardé. N'oubliez pas que les petits-enfants font aux grands-parents des confidences qu'ils ne feront jamais à leurs parents. Ayez une grande discrétion, sachez rassurer.

Les grands-mères

Un petit Genevois de huit ans, interrogé sérieusement par sa directrice d'école sur ce qu'il pensait des grands-mères, répondit : « Une grand-mère est une femme qui n'a pas d'enfants ; c'est pour cela qu'elle aime les enfants des autres. » Et de poursuivre : « Les grands-mères n'ont rien à faire ; elles n'ont qu'à être là. Quand elles vous emmènent en promenade, elles marchent lentement, sans écraser les belles feuilles ni les chenilles. Elles ne disent jamais : avance plus vite ! En général, elles sont grosses, mais pas trop, pour pouvoir attacher nos souliers. Elles savent qu'on a toujours besoin d'un second morceau de gâteau ou du plus gros. Une vraie grand-mère ne frappe jamais un enfant ; elle se met en colère en riant. Les grands-mères portent des lunettes et, parfois, elles peuvent même enlever leurs dents. Quand elles nous lisent des histoires, elles ne sautent jamais un bout et elles n'ont rien contre si on leur réclame la même histoire plusieurs fois. Les grands-mères sont les seuls adultes qui ont toujours le temps. Elles ne sont pas aussi fragiles qu'elles le disent, même si elles meurent plus souvent que nous. Tout le monde devrait essayer d'avoir une grand-mère, surtout ceux qui n'ont pas la télé. »

> *Une personne qui devient vieille, elle se transforme en mamie.*
>
> Bob, quatre ans

Le cœur d'une grand-mère

Un cœur de Mémé, ça veut du bonheur,
Du bonheur pour tous ses enfants.
Un cœur de Mémé, ça a toujours peur,

Ça tremble pour petits et grands ;
Ça se laisse grignoter par la vie et les événements.
Un cœur de Mémé, ça se donne sans compter :
C'est toujours un cœur de maman.
Un cœur de Mémé, ça n'aime pas la solitude.
C'est hospitalier, comme dans les Béatitudes.
Ça aime les visites.
« Ne partez pas, vous avez le temps. »
« Encore un biscuit. » « Restez encore un instant. »
Ça aimerait qu'on lui dise un petit merci en passant.
Ça voudrait une bise ;
Mais les jeunes en ont-ils le temps ?
Un cœur de Mémé, ça ne vieillit pas.
Ça veut s'accrocher. C'est parfois bien las !
Un cœur de Mémé, c'est plein de finesse ;
Ça sait deviner : ça voit la tristesse.
Ça sait regarder, sans oser rien dire.
C'est plein de bonté, ça vit de souvenirs.
Un cœur de Mémé, ça se dit :
« Je ne voudrais pas partir. »
Rester pour aimer.
Même vieux, ça ne veut pas mourir.
Demain oui, peut-être.

Mais non, non, pas aujourd'hui.
Ça veut être là pour les fêtes.
Voir grands et petits ; consoler ; encourager.
Un cœur de Mémé, c'est disponible, pas pressé.
Ça ne pense qu'à donner.
Ça a de l'expérience.
Ça doit rester longtemps,
Pour donner confiance dans la vie à ses petits-enfants.

Grands-parents, apprivoisez vos petits-enfants !

Grands-parents, vous êtes souvent paumés devant les petits-enfants qui vous envahissent régulièrement. Il est vrai que durant ces quarante dernières années, leur mentalité et leurs mœurs ont changé aussi profondément qu'en plusieurs siècles. Ce n'est pas leur faute. À vous de rattraper la distance. Leur langage vous stupéfie ? Apprenez leurs mots. Et décochez-leur de temps à autre (pas trop souvent, ils n'aiment pas ça) leurs expressions savoureuses : « Kevin, ta musique ça craint. Ton grand-père, pourtant sourdingue, commence à avoir des boutons dans les oreilles en entendant la cassette que tu mets à fond la caisse. Mets un bémol… »

Évitez tout commentaire à propos de leur tenue vestimentaire, leur chevelure qui vous hérisse et leurs réflexions sur les croulants. Sachez qu'ils considèrent n'importe quel adulte comme un fossile. Sachez faire front. Il vous faudra de temps à autre sortir votre tenue de combat. « Ta nana, pas question qu'elle s'incruste le week-end. Notre appart', c'est pas un baisodrome. Quant à tes copains, d'accord pour qu'ils viennent de temps à autre te rejoindre, mais qu'ils arrêtent de fumer ou qu'ils ramassent les mégots ! Enfin, s'il te plaît, rentre à l'heure prévue. On s'inquiète quand tu n'es pas rentré. Si on t'aimait pas, on te dirait pas ça, on s'en ficherait. Mais tu comptes pour nous. » Ce langage est entendu un max.

Soyez disponibles pour les écouter

Vous avez le temps, alors prenez-le. Votre disponibilité sera le trésor caché où ils puiseront à chaque rencontre. Que ce trésor soit sans fond. Ils ont besoin de confidents. S'ils viennent vous envahir, c'est aussi pour être entendus. Leurs parents, de plus en plus stressés, les écoutent de moins en moins. C'est vrai surtout dans le cas d'un divorce : c'est à vous, grands-parents, de jouer les prolongations.

De très nombreuses lettres de jeunes me disent combien vous êtes pour eux cœur et oreilles d'abord. Sachez que vous êtes irremplaçables. Vous êtes les confidents prioritaires, vous êtes la source, ils iront toujours à la source. Tampons, vous le serez aussi. Dérangés également. Bousculés. Laissez-les secouer vos vieux os ! Vous prendrez à leur contact un sacré bain de jouvence.

> *Mamie, je t'aime autant que tu as de cheveux blancs !*
> Claire, six ans

Le magnifique bouquet des espérances possibles

Montrez-leur la vie sous un jour dynamique, présentez-leur toujours le magnifique bouquet des espérances possibles plutôt que de sortir certaines rancœurs du passé des poubelles familiales. Vos petits-enfants sont fragiles. Ils ont assez de merde, de conflits, de tensions, de difficultés à assumer pour ne pas subir les vôtres en plus. Vos conflits ne sont pas les leurs. Ils ne feraient qu'entretenir dans leur cœur une vision sordide de la famille.

Il y a tant de côtés lumineux dans la trajectoire d'une famille, ce sont ceux-là que vous devez graver en eux. Et j'ai constaté parfois que ce sont les jeunes, parce qu'ils sont neufs, qui réconcilient des parents farouchement opposés. Qui recollent des membres disséminés de leur famille. Ils peuvent aller de l'un à l'autre avec leur candeur juvénile et déclencher des retours qui sont parfois de petits miracles. Ne leur interdisez jamais de fréquenter tel membre de la famille, n'en dites jamais de mal, sauf s'il est un danger certain.

Écoute et amour dans la foi

Ils trouvent dans le monde d'aujourd'hui un appel vers le matérialisme le plus vide et le plus vil. Si vous leur communiquez vos rêves sordides d'héritage, vous en ferez des petits pourris acharnés de la possession.

Paradoxalement, ils sont en recherche d'une spiritualité vivante et forte. Leurs parents ont souvent perdu la foi à cause, en partie, du stress du travail et de leur acharnement à réaliser leur « réussite » sociale. À vous, les grands-parents, de leur apporter un élément de réponse à leurs questions spirituelles. À condition que ce soit sans forcing, sans prosélytisme. Traîner ses petits-enfants derrière soi à la messe du dimanche est bien. Mais être écoute et amour dans la cohérence de sa foi sera l'atout décisif pour qu'ils pressentent que Dieu est le Tout d'une vie.

Grands-parents, vous avez un sacré boulot devant vous. Marchez à l'heure du temps. Entrez de plain-pied dans le monde des jeunes d'aujourd'hui. N'ayez pas peur d'être ringards ni dépassés. Restez ce que vous êtes. Votre cœur battant au rythme du cœur de vos petits-enfants vous apportera le meilleur d'eux et exigera le meilleur de vous.

> *Serrez vos grands-parents dans vos bras et dites : « Merci d'avoir fait ce que tu as fait pour que je puisse exister. »*
>
> Alex Haley

Toi, jeune, comment apprivoiser tes grands-parents ?

D'accord, ils ont des dentiers plein la bouche. Ils perdent parfois leurs tibias. Leur mémoire fout le camp par moments. Ils radotent. Ils sont maniaques. Ils ne sont pas speed. N'oublie pas : ils avancent au rythme de leurs rhumatismes, de leur lumbago, de leurs insomnies ou de leur passé, souvent durement vécu.

Apprends à les aimer comme ils sont.

Si tu prends le temps de t'y intéresser, tu découvriras en eux une jeunesse étonnante, une innocence que les années n'ont pas émoussée.

Leur expérience, dont tu crois te foutre complètement, t'apparaîtra un jour, si tu te donnes la peine de les écouter, riche d'un vécu qui te permettra de ne pas trébucher sur les obstacles qu'ils ont franchis et que tu rencontreras.

Ils te raconteront souvent les mêmes histoires, ce qui a marqué leur vie… Écoute inlassablement. Et surtout écoute leur silence. Leur vie a été faite de grandes joies et souvent de bien des souffrances. Parfois ils tairont ce qui a été trop dur. Leurs secrets, lourds pour eux, seront allégés par ton silence aimant. Ils apprécieront immensément ce que ta jeunesse leur apporte, toi qui es un torrent et qui sais aussi la fermer.

Ne te comporte jamais chez eux en pays conquis. Ils adorent recevoir et ils ont un paquet de manies qui exige de toi d'éviter tel verre de cristal, de mettre les chaussons dont tu as horreur, de sortir leur vieux chien chéri que tu détestes.

Enfin, compose avec eux.

Tu fumes comme un pompier. Leurs poumons le supportent mal. Ils préfèrent, quand tu les quitteras, garder le parfum de ta jeunesse que l'odeur des clopes qui va empester chaque pièce, w-c compris. Fume ton mégot discrètement et dehors. Ils apprécieront.

Ne leur parle pas de tes musiques préférées… Quand ils vont entendre les titres des groupes que tu aimes : Satanas, Scorpions, Les Diables, Les Anges de la Mort ou Destroy, ils vont faire des cauchemars. Déjà qu'ils ont de la peine à s'endormir, n'abrège pas leur nuit. Évite évidemment de mettre chez eux et à fond la caisse tes morceaux préférés.

Parce que là, même leur chien risque d'avoir une attaque !

Prends soin de leur poisson rouge et de leur perroquet. Leur solitude à deux est souvent peuplée de bêtes qui sont pour eux tout un univers. Celui dont ils manquent tant de nos jours : la présence.

Tu sauras biner le jardin du grand-père ou les fleurs de la grand-mère. À leur âge, il leur faut un palan pour se relever. Ta jeunesse est bulldozer. Mais ne sois pas trop speed. Leur jardin, ce n'est pas une tranchée à creuser, mais une terre et des fleurs à soigner amoureusement. Ils te diront ce qu'il faut faire. Fais-le bien.

Les mille petites choses qu'ils ne peuvent plus accomplir, tu t'en chargeras avec amour. En essayant d'imaginer que, dans soixante ans, toi aussi tu auras la joie de voir tes petits-enfants marcher à ton pas.

Un simple cadeau de temps à autre, illuminé de ton sourire, les remplira de joie. Tu sais, les vieux on les repousse. Les hospices sont remplis à ras bord de grands-parents dont plus personne ne veut. Si c'est là qu'ils ont échoué, visite-les avec constance. Ils sont, à notre époque, parmi les plus démunis. Ils ont tout bâti, tout donné. On leur offre la solitude, la misère affective, l'attente d'avaler leur bulletin de naissance, en espérant occuper la vieille maison qu'ils ont bâtie de leurs mains. Aime-les bien comme ils sont. Leurs dernières saisons en seront illuminées.

Les anciens sont très importants parce qu'ils sont la sagesse, ce sont des oreilles et des cœurs, et ça, c'est merveilleux. Et puis, n'oublie pas ceci : on s'est aperçu que les grands-parents qui n'avaient pas de petits-enfants mouraient plus vite ou avaient davantage de dépressions que les autres. Ils ont besoin de voir ta jeunesse. J'ai souvent reçu des lettres de grands-parents qu'on empêchait de voir leurs petits-enfants. Ils en étaient profondément traumatisés et vivaient un vrai calvaire.

Si tu peux, va les voir, écris-leur, téléphone-leur. Ça sera un sourire magnifique dans leur journée et ils sauront qu'ils comptent pour toi. Les oncles et tantes, c'est chouette aussi, mais va d'abord au cœur de ton histoire. Ton histoire humaine, c'est d'abord tes parents et tes grands-parents. Ces derniers sont parmi les plus beaux cœurs qui existent dans l'humanité.

Face à la maladie et à la mort

De nombreux croyants m'envoient des lettres et des e-mails pour me dire qu'ils sont dans les ténèbres. C'est dans ces moments qu'il faut prier le plus. Certains me disent qu'ils souffrent tant qu'ils n'ont plus envie de prier. Dans ces moments, dites au Seigneur que vous souffrez et que vous Lui offrez votre maladie. C'est une prière superbe.

Qui ne connaît pas l'angoisse et le désespoir? Le Christ lui-même n'a-t-il pas dit à son Père sur la croix : « Mon Dieu, pourquoi m'as-Tu abandonné ? » Le Fils de Dieu a dit cela. Alors, *a fortiori,* nous pouvons l'exprimer aussi. Mais tout de suite, nous nous reprenons : « Non, c'est un mauvais moment, Tu es là, même dans le brouillard. »

Notre grand problème, c'est de buter sur la souffrance. Dieu n'est pas méchant. Si Dieu créait la souffrance, Il serait un pourri. L'origine de la souffrance est un mystère, mais la vie est souvent faite de souffrances. Il faut partir de la souffrance pour aller vers Dieu. Nous élever par rapport à elle.

Je sais que Jésus est mort sur la croix. Il avait trente-trois ans. Il a souffert atrocement. Nous disons qu'il a souffert pour nos péchés, qu'il a souffert pour nous racheter et qu'il nous amène à la résurrection parce que, après la croix, il est monté au ciel directement. Alors, il nous appelle sans cesse à nous dépasser pour monter avec lui.

Toute souffrance sert à quelque chose. Il faut que tu l'acceptes, que tu la portes. Et Dieu, mystérieusement, te donnera les réponses. On me dira : « Putain, mais t'es curé, donne-nous une réponse. » Comme je ne peux pas le faire, simplement, je m'accroche à la croix. Ce qui manque à la souffrance du Christ, c'est la nôtre. Dieu nous aime et c'est par la Passion que nous connaissons Son Amour. Faisons ensemble ce chemin de croix.

Le Christ n'est pas venu expliquer la souffrance.

« Il est venu la remplir de sa présence », disait Claudel. C'est magnifique. Il n'est pas venu donner de grandes explications sur la souffrance, il l'a assumée, il l'a vécue. Il est venu l'habiter. C'est en l'habitant qu'il lui a conféré un sens. Nous sommes appelés à unir nos peines à sa passion. C'est dans ce sens-là que nous pouvons vraiment vénérer la croix.

Un chrétien doit trouver dans la souffrance et l'épreuve des motifs d'aller plus loin. Car la croix est l'emblème du chrétien. Ce monde est fait de cris innombrables de frères et sœurs, et pourtant, je n'ai jamais désespéré une minute parce que Dieu est confiance, Dieu est amour, Dieu est miséricorde, Dieu est bon, Dieu est tolérance, Dieu est respect, Dieu est partage. Et dans la mesure où j'essaye de vivre à fond la tolérance, le respect, le partage, l'amour, la tendresse humaine, la miséricorde, je m'élève vers Dieu.

> *Mon Dieu ! Que la vieillesse est donc un meuble inconfortable !*
>
> Colette

Le sacrement des malades

Ce sacrement n'est pas celui des morts, mais celui des vivants souffrants. Ceux qui souffrent dans leur corps, dans leur cœur, dans leur esprit. Dans l'Évangile on voit le Christ guérir toutes les maladies… Le sacrement des malades entraîne parfois une rémission importante. Il apaise aussi.

L'extrême-onction, par le passé, signifiait : « On va crever. Vite, allons chercher le curé. » D'ailleurs, pour ne pas effrayer le mourant, on appelait le curé juste après le dernier soupir. Sinon, c'était la mort qui arrivait en même temps que le prêtre. Quand j'étais petit, j'avais accompagné un curé à une extrême-onction. Le malade disait : « Je ne savais pas que j'étais si malade. » Les gens avaient très peur de ce sacrement.

Aujourd'hui, c'est différent. Je ne dis pas que les gens reçoivent tous joyeusement le sacrement des malades, mais maintenant ils y voient le sacrement des vivants. Aujourd'hui, il est personnel et communautaire. Dans certaines paroisses, les gens souffrants ou âgés se réunissent. C'est aussi un sacrement qui peut être donné plusieurs fois.

Un soutien pour l'âme et le corps

Le sacrement des malades est tiré de l'Évangile. Saint Jacques (5-14) : « Si l'un de vous est malade, qu'il fasse appeler les anciens de la communauté, ils prieront pour lui en pratiquant une onction d'huile au nom du Seigneur. Leurs prières inspirées par la foi sauveront le malade, le Seigneur le relèvera et s'il a commis des péchés, ils lui seront pardonnés. »

Le catéchisme de l'Église catholique précise que l'onction des malades n'est pas seulement le sacrement de ceux qui se trouvent à toute extrémité, mais il commence quand un fidèle se trouve en danger de mort ou simplement malade par suite d'affaiblissement physique ou de vieillesse. Ce sacrement est un soutien pour l'âme et le corps. Il n'est pas rare que la personne se sente mieux après l'avoir reçu.

La guérison de Tim

Lisez cette histoire que j'ai vécue. Elle est belle et bonne.

Je vais voir un vieil ami, Tim, qui se disait athée. Il me réclamait instamment. Souffrant et octogénaire, il gardait son fauteuil et déprimait.

Après la joie des retrouvailles, il me fait soudain cette demande inattendue : « Curé, donne-moi l'extrême-onction. »

Décontenancé par cet appel que je n'aurais jamais cru sortir de sa bouche, j'acquiesçai. Mais je n'avais pas d'huile sainte. Nanti de ma seule grâce sacerdotale, je bénis un peu d'huile d'olive pour lui faire les onctions liturgiques. Après un moment de prière, je quittai Tim en paix.

J'appris quelques jours plus tard qu'il était reparti à la cueillette des champignons. C'était sa joie. Le sacrement des malades lui avait redonné jouvence et ardeur. La grâce de Dieu lui avait offert cette guérison qui a duré. Il est décédé quelques années plus tard en m'appelant de son lit d'hôpital.

Mais attention, il faut démystifier le côté magique du sacrement. Ce n'est pas un médicament, c'est une aide pour affronter l'épreuve. Beaucoup de gens se sentent apaisés après le sacrement des malades. Je l'ai vu chez ma mère. Presque toujours, ce sacrement apporte une paix intérieure très forte. Dans la bouche des malades on entend des mots comme « C'est une joie», «C'est une paix, une force du Seigneur». Le Seigneur rejoint tout être. Quelqu'un me disait un jour : «Je pensais aimer Dieu, mais j'ai découvert avec le sacrement des malades que Dieu m'aime.»

> *Le vrai mal de la vieillesse n'est pas l'affaiblissement du corps, c'est l'indifférence de l'âme.*
>
> André Maurois

Quand on n'en peut plus, la difficile question de l'euthanasie

Chantal Sébire, le visage atrocement déformé par une maladie évolutive, souffrait d'un incurable esthésioneuroblastome. Sa peine était insupportable et sans répit. Elle demanda au président Nicolas Sarkozy la permission de mourir. Il envoya des médecins pour tenter d'apaiser sa douleur, mais les traitements conventionnels ne pouvaient plus la soulager. C'était une impasse, une affaire insoluble. Elle était condamnée à souffrir jusqu'à sa mort.

Mgr Philippe Barbarin a déclaré dans une interview à *France Soir* que personne n'a le droit de donner la mort. La position de la France est claire. Alors que l'euthanasie, passive et active, est admise en Belgique, en Allemagne et dans d'autres pays, elle ne l'est pas en France. De façon surprenante, la position de l'État laïc français rejoint exactement celle de l'Église : nous n'avons pas le droit de donner la mort, y compris à quelqu'un qui la demande. La médecine est seulement autorisée à apaiser les souffrances. On peut fournir des médicaments, comme la morphine, qui précipiteront la mort, mais sans chercher à la provoquer. C'est une position compatible avec notre religion.

C'est la foi qui guide notre jugement

La position de l'Église ne s'appuie pas sur l'opinion des gens, mais sur la foi profonde des baptisés. La solidité de la foi est un tremplin prodigieux pour atteindre une position critique lucide. Il faut du courage face à l'opinion. L'indépendance des femmes et hommes de foi est un atout maître. Si nous devions suivre l'opinion, ce serait catastrophique. Ce sont les droits de l'homme et surtout la foi qui guident le jugement d'un chrétien. Et la position de l'Église est nette : personne n'a le droit de donner la mort. Parce que, si l'on met le doigt dans l'engrenage, ce sera fatal pour l'humanité. Atténuer la souffrance, oui ; donner la mort sur demande, non. C'est une position qui défend l'être humain jusqu'au bout.

> *Le seul alchimiste capable de tout changer en or est l'amour. L'unique sortilège contre la mort, la vieillesse, la vie routinière, c'est l'amour.*
>
> Anaïs Nin

La mort ne nous ratera pas

En rejetant la mort chaque jour plus loin, grâce à la médecine et aux multiples progrès de la science, nous atteignons un âge que l'on peut qualifier de fantasmé. Nous voulons toujours paraître plus jeunes.

De nos jours, on nous raconte que cinquante ans c'est le milieu de la vie et qu'on peut tout recommencer comme un adolescent. La réponse évangélique est la suivante : « Insensé, ce soir même ta vie te sera redemandée. »

J'ai récemment enterré un restaurateur, mort subitement. Il faisait des poulets rôtis à damner un archevêque. Je n'en ai jamais mangé de pareils ailleurs. Un cancer l'a dévoré très rapidement. J'avais vu qu'il avait maigri, il avait suivi une chimiothérapie. Il est mort en quelques semaines. Depuis un an il ressentait de fortes douleurs dans les poumons.

Il y a des morts brutales. Des accidents, des crises cardiaques. On ne s'y attend pas, on est surpris par la mort, c'est très douloureux pour les proches.

Autant en être conscient tout de suite plutôt que d'avaler un jour son bulletin de naissance en s'apercevant trop tard que la vie est brève : « Merde, il fallait mourir, je ne m'en étais pas rendu compte ! »

S'il y a une chose qui ne nous rate pas, c'est la mort. Même le vieillard de cent ans continue à avoir des rêves, c'est mieux ainsi. Mais la mort nous arrache à nos projets.

Le plus beau jour de notre vie

La mort nous dépasse, sauf si nous croyons à la résurrection, si nous croyons à une autre vie. Je plains toujours celui ou celle qui pense qu'à la mort tout s'arrête.

Certains disent que ce sera le plus beau jour de notre vie. Personnellement je le pense. Comprendre cela, c'est refuser de vivre une vie close sur elle-même, c'est s'ouvrir, pendant notre séjour sur terre, au mystère de l'au-delà. Croyants, nous sommes des vivants appelés à une autre vie. Quand on en a la conviction, on s'y prépare.

De nos jours, comme les gens refusent la mort, nombreux sont ceux (notamment les jeunes) qui croient en la réincarnation. On n'est pas soi-même, mais un autre, une autre, un animal... Bossuet disait qu'on refuse l'immortalité de l'âme pour pouvoir vivre comme des bêtes. C'est certain que, si on n'a pas une ferme conception de l'au-delà, une vision pleine d'espoir, on sera tenté d'écraser les autres pour être le plus performant sur terre. Un croyant vit forcément autrement.

Vieillir, si l'on sait, ce n'est pas du tout ce qu'on croit.
Ce n'est pas du tout diminuer, mais grandir.

Marcel Jouhandeau

J'aimerais la voir en face

Quand j'étais tout petit, au séminaire on nous parlait de la mort. Nous étions effrayés. Les curés nous décrivaient l'enfer et nous montraient des choses horribles, mais on en parlait.

Comment se préparer à la mort ? Croyants ou incroyants, nous en avons peur et, au fond, c'est important. Imaginez que vous êtes en voiture et que vous ne craigniez pas les accidents. Ce serait un carnage épouvantable ! Imaginez que vous alliez en montagne, sur le bord du précipice, et que vous n'ayez pas peur… Heureusement qu'on a peur de la mort.

J'entends souvent des gens me dire qu'ils aimeraient partir sans s'en apercevoir. D'autres, dont je suis, aimeraient voir la mort en face. Pas trop souffrir, mais la voir en face, la voir arriver et pouvoir se dire : « Maintenant je vais dans l'autre monde, mon deuxième berceau, c'est la mort, j'arrive dans ma nouvelle vie. »

Assumer sa peur

Si on aime la vie, on a forcément peur de la mort. Le Christ a ressenti frayeur et angoisse au mont des Oliviers. En tant qu'homme, il assumait ses peurs. La mort nous apprend l'humilité et la dépendance. Elle nous apprend à nous tourner vers le ciel, elle est un grand mystère pour les hommes.

Chaque fois qu'un proche meurt, ce cadavre qui ne bouge plus nous impressionne. On le regarde, on se souvient de ce qu'il était juste avant de partir. Quand on ne pense qu'à la terre, on refuse d'envisager la mort, et pourtant elle nous attend tous, sans exception. Parler de l'au-delà n'est pas une fuite, c'est un moyen de vivre autrement. C'est une exigence et un aiguillon. Pascal disait que s'étourdir, c'est courir « sans souci dans le précipice, après avoir mis quelque chose devant [les] yeux pour s'empêcher de le voir ». Si nous pensons – et c'est là où le croyant est très fort – que tout ce que nous vivons aujourd'hui, ce soir, a valeur d'éternité, tout acte de justice et d'amour comptera éternellement. Sainte Thérèse de l'Enfant-Jésus et tant d'autres ont parlé de la mort avec amour et confiance. Parfois même ils l'ont désirée, tellement ils aimaient Dieu, tellement ils voulaient Le rejoindre.

> *Ne sais-tu pas que la source de toutes les misères de l'homme, ce n'est pas la mort, mais la crainte de la mort ?*
>
> Épictète

Accompagner l'autre au moment du passage

La mort accompagnée est la plus belle des morts. La mort abandonnée est tragique, même si le Seigneur est toujours là. Comme celle du bon larron. Il a été le premier à qui le Christ a promis le paradis ! Pourtant il était vraiment le plus abandonné de tous.

J'ai été le témoin de la mort magnifique de ma mère. J'avais beaucoup prié le Seigneur d'être là quand elle passerait. J'étais tout seul avec elle à l'hôpital. Dans les cinq minutes qui nous étaient accordées, je l'ai remerciée de tout l'amour qu'elle nous avait donné, je l'ai bénie au nom de l'Amour de Dieu. Elle est morte à l'instant même. Je peux dire que j'ai assisté en direct à la mort de ma mère et j'ai pu vérifier cette phrase extraordinaire de l'Évangile : « Demandez et vous recevrez. » Le Seigneur nous fait parfois des sourires fulgurants.

Leur dire : « Je t'aime »

On fait le deuil du défunt, mais on fait le deuil d'une relation souvent non accomplie. Pourquoi savons-nous si mal dire à nos proches l'amour que nous leur portons ? Celui ou celle qui s'en va a tant besoin de communion intime avec ses proches. Souvent on n'ose pas leur dire : « Je t'aime. » Les proches restent à un mètre du lit de l'agonisant, ou même n'entrent pas dans la chambre. Pire, ils parlent devant le corps apparemment inconscient, en oubliant que l'être qui est en train de mourir entend. Ne dire alors que des paroles d'amour. Plus on est attaché à celui ou celle qui va mourir, plus on refuse sa mort. Il est difficile de veiller l'agonie d'un être cher. On ressent parfois de la colère contre soi ou contre lui. Après la mort, la culpabilité est amplifiée. Les gens peuvent être dépressifs pendant des années parce qu'ils n'ont pas su dire ce qui devait être dit. Il faut savoir accepter ses limites et accepter les limites de ceux qui partent. Nous sommes des êtres limités. Chacun a sa part de responsabilité dans une relation. En parler avec quelqu'un est très important. En parler à Dieu surtout. Je me souviens d'un membre de ma famille, très proche. Je lui parlais, mais il ne me répondait pas. Je lui en voulais. Des années après je me suis dit que j'étais vraiment un bel enfoiré : je ne le citais jamais quand je disais la messe au moment du mémento des morts. Je l'ai fait, et la paix est revenue.

La communion avec les disparus

Une réconciliation peut se faire après la mort. Nous pouvons nous adresser à nos disparus, ils nous répondront par d'autres moyens que par la parole. À chaque messe que je fais, je propose à l'assistance de penser à quelqu'un de très cher pour se rappeler ce qu'il avait de bon, et de citer à haute voix son prénom. J'ai parfois entendu des églises résonner magnifiquement de tous ces prénoms de disparus. Des dizaines de prénoms lancés… Une femme avait eu un fils qui s'était suicidé, elle ne parvenait plus à prononcer son prénom, et un jour je l'ai entendue dire « Laurent ». « Cela m'a fait un bien fou », m'a-t-elle confié plus tard. Elle niait cette mort, elle aurait voulu que personne ne sache. Et un jour elle a prononcé le prénom. Alors le souvenir s'est apaisé. Au sujet des disparus, un grand mystique soufi a dit : « Quand vous nous chercherez, cherchez-nous dans la joie car nous sommes les habitants du monde de la joie. » Nous pouvons dire la même chose, nous, chrétiens. Si nous croyons vraiment que l'autre est parti en Dieu, il est dans la joie de Dieu. Je dis souvent à des personnes qui vivent difficilement un deuil, notamment d'un enfant : « Il est dans l'Amour et, tous les soirs, il te fait un petit bisou sur le front. » Je crois à la proximité des êtres chers qui nous ont quittés. C'est la communion des saints. Et c'est bien beau.

Parlons du Christ et de la Résurrection

Dans cinquante ans, en France, la moitié de la population peut-être sera centenaire. Les progrès de la médecine font reculer la mort, mais il ne faut pas vivre en croyant que nous l'éliminerons de nos vies. Alors comment nous y préparer sans fuir ? Nous, prêtres, ne parlons pas assez de la mort et de la résurrection. Pourtant notre religion est la plus charnelle de toutes : le Fils de Dieu pour nous, chrétiens, s'est fait chair. Il a accepté de mourir pour ressusciter. Il nous a montré le chemin, il a souffert. Pourtant il a eu peur de la mort, il a dit à son Père : « Éloigne de moi ce calice… »

Notre vie sur terre est un travail d'enfantement. J'ai été impressionné par les derniers jours de Jean-Paul II. C'était extraordinaire. Certains chrétiens ont trouvé indécent de voir notre pape mourir sous nos yeux. Durant vingt-cinq ans de pontificat il nous a transmis des paroles de vie, puis il est mort devant nous. J'ai trouvé cela très sain, je n'y ai rien vu de morbide. Autrefois les papes mouraient cachés. Jean-Paul II a osé vivre et mourir devant nous jusqu'au bout. Je crois que ce geste a interpellé le monde.

L'éternité vient dans le temps, l'immensité dans la mesure, le Créateur dans la créature, Dieu dans l'homme, la vie dans la mort…

Saint Bernard de Sienne

À la rencontre de l'Amour

Si je crois à quelque chose de prodigieux après la mort, c'est bien à l'Amour que j'y trouverai. Si Dieu nous donne cette sensation de l'amour sur terre, c'est pour nous préparer à cet Amour infini. J'ai la conviction absolue que la mort est le paradis de l'Amour. La terre est l'antichambre de l'Amour. Je n'ai pas perdu, me semble-t-il, une virgule de cette pensée depuis mon enfance. Si je la perdais, je perdrais tout.

Souvent, quand je vois des paysages splendides, je me dis que ce sera infiniment plus beau là-haut. Ici, je n'ai que les yeux de la terre, je n'ai que les oreilles de la terre, je n'ai que les pieds de la terre, mais là-haut, les choses seront tellement plus belles.

La mort m'apparaît comme une rencontre sublime et que j'attends, pas du tout avec impatience, mais quand elle voudra… Ce que j'aimerais, c'est la voir venir. Oui. Et pas trop souffrir, non… quand même.

Mais la voir venir et pouvoir dire à Dieu, en sentant qu'elle est proche : « Je T'attendais ! »

Plus nous nous enrichissons, plus nous avons peur de la mort. Plus on s'appauvrit, plus on attend le royaume de Dieu. Dieu nous a mis sur terre pour partager, aimer. Celui qui a su s'appauvrir et préparer son départ de la terre épouse la mort avant qu'elle n'arrive – « il meurt avant de mourir » –, il est un mec très vivant accroché à la vie seconde par seconde.

La mort, on y pense avec horreur et avec appréhension, ou on la regarde en face et on s'y prépare. Ces questions bien posées permettent de mieux vivre. La mort n'est plus un obstacle, mais un « deuxième berceau »... C'est surtout la rencontre avec l'Amour qu'on a durement et passionnément cherchée sur terre.

La mort

Nous croyons, nous chrétiens, en la résurrection. Mais lorsque nous fouillons, les choses se compliquent... « Comment les morts ressuscitent-ils ? Et avec quel corps reviennent-ils ? » se demandait saint Paul. À méditer aussi la réflexion de ce jeune homme à qui le médecin venait d'apprendre qu'il était condamné : « Et me voilà devant cette évidence, la mort, maintenant, en face de moi. Après le premier choc passé, les premières larmes versées dans le secret de ma chambre, parce que l'on est humain et que l'on reste un humain, ces mots de la Bible se sont insinués dans ma tête et ne me quittent plus : "Pour Dieu, mille ans sont comme un jour et un jour comme mille ans." Cette phrase va me permettre de prendre la vraie dimension de ce qui m'arrive. »

La mort vient avant que nous puissions avoir appris à vivre.

Jacques-Bénigne Bossuet

Le purgatoire

Le purgatoire existe-t-il ? Oui, nous le croyons. C'est une voie de purification. Contrairement à la religion bouddhiste qui dit que nous passons d'un état à un autre, et que ce changement d'enveloppe correspondra à l'expiation de nos fautes, nous, chrétiens, disons que l'enveloppe pourrira mais que l'âme montera. On sera confronté à soi-même. Ce sera une purification, pas une salle de torture. Je me souviens que, lorsque j'étais petit, certains prêtres nous disaient que, si nous avions commis le péché de la chair, nous commencerions à griller par le sexe ; par la langue pour la gourmandise ! Comment pouvait-on apprendre à des enfants des sornettes pareilles ? Non, il adviendra une purification, mais ne me demandez pas exactement laquelle : même les grands théologiens l'ignorent.

Le jugement dernier

Nous serons jugés sur le vingt-cinquième chapitre de saint Matthieu. Souvenez-vous : « Quand j'étais en taule, es-tu venu me voir ? M'as-tu envoyé des mandats ? M'as-tu attendu à la sortie ? Quand j'étais malade, as-tu pris le temps d'aller à l'hôpital m'offrir un bouquet de fleurs et passer un moment avec moi ? Quand j'étais toute seule (même si je vivais à Neuilly ou au cœur du XVIe arrondissement dans une grande richesse), es-tu venu me voir ? » Nous serons jugés sur l'amour. Voilà la réponse du Christ à notre interrogation. Cette réponse est à vivre maintenant : être des combattants de l'amour et de la justice maintenant, partager maintenant. L'éternité commence aujourd'hui. Ne l'oubliez jamais. Ce vingt-cinquième chapitre de saint Matthieu, que j'ai lu tout petit, est resté vrillé dans mon cœur : tous les gestes d'amour que nous faisons maintenant comptent. C'est à nous de décider, ici et maintenant, si nous voulons vivre le paradis ou l'enfer sur terre.

L'enfer

Je ne vous dis pas la peur qu'on nous faisait avec l'enfer quand j'étais petit ! Est-ce une peine définitive ? Dans son livre *Entrez dans l'espérance*, Jean-Paul II a osé écrire : « La possibilité de la damnation éternelle est affirmée dans l'Évangile sans ambiguïté. Mais dans quelle mesure cela s'accomplit-il réellement dans l'au-delà ? C'est finalement un grand mystère. » Si Jean-Paul lui-même se posait la question ! Souvent, on me demande : « Et Hitler, Staline, Pinochet ? Et Judas que le Seigneur a appelé "mon ami" ? Où sont-ils maintenant ? Sont-ils au ciel ? » Grande question… Certains pourraient se dire que finalement on peut voler, violer, torturer, massacrer tous ceux qu'on voudra puisque, au final, on sera pardonné après un stage de reconversion au purgatoire… À cette interrogation légitime, je n'ai pas de réponse. La miséricorde divine est infinie, c'est le mystère entre l'homme et Dieu. Dieu étant Dieu, à Lui de résoudre ce problème ! Nous, on tâtonne et, avec notre intelligence humaine, on cherche à décrypter ce mystère insondable.

On peut demander au Bon Dieu de nous rendre Mamie juste le temps d'un câlin !

Clément, quatre ans

Le paradis

Dans la Genèse, le paradis est représenté comme un jardin luxuriant où tout est donné en abondance. L'Apocalypse parle d'une Jérusalem éternelle, nouvelle, où Dieu essuiera toutes les larmes : il n'y aura plus de deuil, ni de cris, ni de souffrance. Toutes les représentations du paradis ont ceci en commun : paix, joie et la communion.

Le paradis est aussi maintenant. Si nous aimons les autres à tout casser, si nous avons le sens du partage, si nous regardons l'autre, alors nous serons des êtres de lumière et le paradis sera maintenant. Saint François d'Assise, sainte Thérèse, mère Teresa... sont partis, mais nous sommes là ; c'est à nous d'être maintenant des êtres de lumière. De préparer le royaume aux mille saveurs.

Si vous avez depuis longtemps apprivoisé l'approche de la mort, le moment venu vous verra prêt. À cet instant de vérité, je vous souhaite d'être dans une disposition joyeuse, celle de la rencontre si longtemps attendue.

Conclusion

Vers une merveilleuse rencontre

« Vieillir est un naufrage », affirmait de Gaulle. Cette phrase historique de notre grand Charles me semble cruelle et injuste. Vieillir, pour moi, est un enchantement. Je donne à mes soixante-quinze ans la pleine puissance de mon être, comme à trente ans. Mais le vieillissement guette ; mes muscles, que je veux toujours exercer régulièrement, sont frais et dispos. Pour monter dans les arbres, par exemple. Sport écologique par excellence : pas de harnachement. Grimper à vingt-cinq mètres sur un pin, de branche en branche. Monter lentement et sentir l'odeur forte et enivrante du pin, admirer la vue au sommet, est un régal. Je monte donc et remonte avec joie. Les muscles chauds répondent superbement sur le moment, mais le lendemain, au réveil, ils me font sentir, ces muscles de septuagénaire, qu'ils n'ont pas l'âge de mon désir. Tant pis. Garder intacts ses rêves d'enfant donne au vieillissement une saveur d'éternité.

Mon rapport au temps se situe dans les vingt heures dont je dispose. C'est ma limite. Hier, je m'en fous ; demain, je m'en contrefous ; aujourd'hui me passionne. Ne pas perdre une minute de rencontre, d'amour à donner et à recevoir : c'est mon choix quotidien d'aimer à tout casser. J'imagine le paradis tellement plus beau, plus envoûtant que les plus sublimes paysages, les plus fulgurantes étreintes que seuls l'amour et l'amitié peuvent offrir. Je tente de vivre le paradis ici-bas, malgré les ombres, les contraintes. Que l'amour en moi ne vieillisse jamais.

J'ai depuis longtemps apprivoisé l'approche de la mort. Le moment venu me verra, je l'espère, prêt. À ce moment de vérité, je souhaite être dans la disposition joyeuse qui est la mienne aujourd'hui. Et puis Marie sera là, j'en suis sûr. Lui avoir demandé des milliers de fois au cours de l'« Ave Maria » : « Prie pour moi, pauvre pécheur, maintenant et à l'heure de ma mort» n'est pas une formule. J'ai la certitude qu'elle sera présente pour le Passage. Je souhaite simplement ne pas être trop handicapé en fin de vie, même si des jeunes devenus adultes que j'ai servis tant d'années m'ont déjà annoncé qu'ils se feraient une joie de pousser mon fauteuil roulant!

Un jour, un jeune loubard qu'on appelait Mao me lance :

«J'ai une chose à te dire, Guy.

– Quoi?

– Je n'ose pas.

– Dis quand même.

– Je n'ose pas. Tu vas me foutre ton poing dans la gueule.

– Vas-y. Je te promets que je ne te touche pas. Je t'écoute.»

Il hésite, puis me dit :

«Qu'est-ce qu'il y aura comme monde à ton enterrement!»

Ma mort, je l'ai envisagée simplement comme ceci : une fête. La fête de la rencontre que j'ai cherchée toute une vie. Et je souhaite qu'on fête avec moi cette rencontre. Ce que je n'aime pas dans les enterrements, ce sont les envolées dithyrambiques dites par des gens très cathos, dans un phrasé superbe. Je préférerais que des jeunes loubards puissent témoigner avec leurs mots, sans écrits, de ce que j'ai vécu de meilleur au milieu d'eux. Mes nombreux adjoints connaissent les chants que j'aime, mes morceaux préférés, et ils sauront choisir le moment venu. Ma seule volonté : que ce soit une vraie fête, pleine d'espérance, pleine de joie, parce que sinon je redescendrai sur terre en vous engueulant : « Pourquoi pleurez-vous ? Je suis heureux là-haut maintenant. » Voilà ma volonté.

Pour moi, la mort sera une merveilleuse rencontre avec Celui que j'ai tant aimé sur terre, et qui m'a aimé. À ceux qui contestent la mort, je dis simplement : la plus grande aventure de la vie, c'est l'Amour. Un magicien prodigieux que nous, chrétiens, appelons Dieu-Amour, nous a créés, nous a faits pour aimer. Ce serait un sacré pourri s'Il nous avait mis sur terre puis qu'à la mort tout soit terminé. Nous mourrions, et tout serait fini ? C'est impossible. Ce serait illogique et particulièrement cruel que le Créateur sépare la personne humaine de ceux et celles qu'Il a aimés.

Il est dit, dans la tradition de l'Église, qu'une fois que nous quittons cette terre, nous retrouvons tous ceux qui nous attendent et qu'on a aimés.

Certaines phrases m'apportent énormément :

« Vis sur terre comme si tu devais partir ce soir ou comme si tu devais vivre mille ans. » « Vis de telle façon qu'à ta seule façon de vivre on pense que c'est impossible que Dieu n'existe pas. » Je crois profondément au militantisme de cette phrase-là. Vivre les valeurs les plus hautes possibles dans la journée, dans la construction de soi-même, dans la construction des autres, apporter la joie en soi malgré les ombres. C'est une joie terrestre qui anticipe l'allégresse finale et prodigieuse où l'on vivra éternellement.

Donc, si ce soir ça se terminait, eh bien, allons-y.

Récapitulatif des conseils

• Sois pétant de vie !

• Accepte tes rides, tes poches, ton dentier, ton ventre, ton double menton, tes vieux os, etc., et vis pleinement.

• Sors, prends l'air du temps !

• Arrête de te regarder le nombril, ouvre-toi aux autres. Le monde a besoin des anciens.

• Bien vieillir, c'est vivre ta vieillesse dans le présent de chaque jour.

• Bûche ta spiritualité.

• Ne cherche pas à reculer le temps à coups de potions, en te faisant tirer la peau, en t'habillant ou en parlant « jeune » : tu seras ridicule.

• Pour réussir ta vieillesse, reste jeune : le cœur branché aux quatre vents, aie un regard d'espérance, de sérénité et d'amour.

• Pour sortir de sa solitude, arrête de ne penser qu'à toi et à tes petits problèmes.

• La vieillesse doit être ton maître intérieur : si tu l'acceptes et l'assumes, elle ne sera pas un handicap.

• Malgré les années, reste un homme ou une femme de combat.

• Vis avec le monde d'aujourd'hui, arrête de dire que le passé était extraordinaire.

• Multiplie les petits pas de l'Amour.

• La vieillesse est l'heure du bilan : aie avant tout un regard d'émerveillement sur ta vie.

• Ne prends jamais parti dans les conflits de tes enfants.

• Sois une référence spirituelle pour les plus jeunes.

• Vis avec tes petits-enfants l'heure de la tendresse. Ne condamne jamais, mais discute et sois patient.

• Valorise tes petits-enfants, notamment ceux qui sont moins gâtés par la nature, les mal-aimés, les plus faibles.

• Apprends à rassurer.

• Apprivoise tes petits-enfants ! Apprends leurs mots, découvre ce qu'ils aiment.

• Sois disponible pour écouter les plus jeunes.

• Reste ce que tu es.

• Dis : « Je t'aime. »

• N'oublie pas que la mort peut être le plus beau jour de ta vie. Elle te mènera à la plus merveilleuse des rencontres.

• Apprivoise l'approche de la mort, n'aie pas peur.

Bibliographie

BADEY-RODRIGUEZ Claudine, *J'ai décidé de bien vieillir*, Albin Michel, 2009.

BERGERET-AMSELEK Catherine, *La Cause des aînés : pour vieillir autrement... et mieux*, Desclée De Brouwer, 2010.

BERNARD Sophie, TREILLE Laurence, *Enfin la retraite ! La préparer pour bien la réussir*, Jouvence, 2009.

GRÜN Anselm, *L'Art de bien vieillir*, Albin Michel, 2008.

HENNEZEL Marie de, *La chaleur du corps empêche nos corps de rouiller*, Pocket, 2010.

HILLMAN James, *La Force du caractère*, J'ai Lu, 2003.

JOLY Hervé, JOLY Julie, *Savoir (bien) vieillir*, Flammarion 2009.

LADOUCETTE Olivier de, *Le Nouveau Guide du bien vieillir*, Odile Jacob, 2011.

LEJEUNE Paule, *L'Art de vieillir jeune*, Éditions du Dauphin, 2010.

MESNAGE Colette, *Éloge d'une vieillesse heureuse*, Éditions du Relié, 2011.

MUFFANG Sophie, *La retraite ? Pas si simple !*, Ellipses, 2009.

QUINODOZ Danielle, *Vieillir : une découverte*, PUF, 2008.

SELBY Philip, *Bien savoir vieillir*, Georg, 2003.

THIÉBAUD Danielle, *Comprendre le vieillissement : libérer ses peurs, apprivoiser sa vieillesse*, Chronique sociale, 2005.

THIÉBAUD Danielle, *Accompagner le vieillissement : se former et former*, Chronique sociale, 2008.

WILLEM Jean-Pierre, *Au diable la vieillesse ! Garder la forme et la santé*, Éditions du Dauphin, 2004.

Table

Cet ouvrage a été achevé d'imprimer
en avril 2011 dans les ateliers de Corlet
à Condé-sur-Noireau

N° d'imprimeur : 137355
Dépôt légal : mai 2011
ISBN : 978-2-84876-187-9
Imprimé en France